Kinderlieder

von Dirk Siegel (Text, Melodie und Satz)

mit Illustrationen von Anouschka Meitzner

2. verbesserte Auflage

Bibliografische Information der Deutschen Nationalbibliothek

Die Deutsche Nationalbibliothek verzeichnet diese Publikation in der Deutschen Nationalbibliografie; detaillierte bibliografische Daten sind im Internet über http://dnb.d-nb.de abrufbar.

© 2016 Dirk Siegel

Herstellung und Verlag:
Books on Demand GmbH, Norderstedt

ISBN: 978-3-7412-1047-1

Für Hendrik, Ira und Philipp

Inhalt

Glockenspiel	Seite 4
Das Lied vom kleinen Mann	Seite 6
Der Sandmann	Seite 8
Das Lied der gehorsamen kleinen Tiere	Seite 10
Das Bärenlied	Seite 12
Mit dem Papa	Seite 14
Komm – spiel mit!	Seite 16
Weihnachtszeit	Seite 18
Singt mit mir!	Seite 20
Schlaflied	Seite 22

Glockenspiel

Das Lied vom kleinen Mann

2. Da kam ein weiser Zaubermann,
   der sprach den kleinen Hendrik an:
   "Sag Bub, wie ich dir helfen kann!" -
   "Ich komm nicht an die Äpfel dran!"

3. Der Zaub'rer sah den Hendrik an.
   "Ich glaub', dass ich Dir helfen kann.
   Hab nur Geduld - es ist nicht schwer:
   Komm nächstes Jahr nur wieder her!"

4. Im nächsten Jahr zur gleichen Zeit
   da ist der kleinen Mann bereit
   und läuft geschwind - fast wie im Traum -
   die Straße lang zum Apfelbaum.

5. Dann macht er sich gewaltig lang.
   Doch selbst, obwohl er gar nicht sprang,
   kam unser lieber, kleiner Mann
   ganz einfach an die Äpfel dran.

6. Und einen Apfel pflückt er dann
   und isst ihn auf, der kleine Mann.
   Er schmeckt so süß, er schmeckt so gut
   und gibt dem Hendrik Kraft und Mut.

7. So sind die Dinge, wie sie sind.
   Es wächst heran das kleine Kind.
   Nur wer die Wunder sehen kann,
   wird irgendwann ein großer Mann.

Der Sandmann

| C | F | C | F | C | G | C^sus4 |

mor - gen fröh-lich bist und vol-ler Mut den Tag be-ginnst, ja, ich bin der

| G | Dm7 | C | F | C | G | C |

Sand-mann, ich sing dir ein Lied und hal-te an dei - nem Bett-chen Wacht.

Das Lied der gehorsamen kleinen Tiere

2. Ich bin ein kleiner Igel
   und lunz' in jeden Tiegel.
   Doch Mama sagt: "Lass sein!
   Am Ende fällst Du rein."
   Da hat sie Recht - ich seh's ein.

3. Ich bin ein kleines Deichlamm
   und geh' so gern am Teich lang.
   Doch Papa sagt: "Pass auf!"
   aus Angst, dass ich ersauf.
   Drum bleib auf'm Deich ich_ drauf.

4. Ich bin ein kleines Fohlen.
   Geh' gerne Kohlen holen.
   Doch Mama sagt: "Du Schwein!
   Kommst immer dreckig rein!"
   Drum lass ich das lieber sein.

5. Ich bin ein kleines Schweinchen.
   Tanz' gerne auf zwei Beinchen.
   Doch Papa sagt: "Mein Kind!
   Wir keine Menschen sind"
   Drum hör ich auf ge_schwind.

6. Ich bin ein kleines Mäuschen.
   Und hätt' so gern ein Häuschen.
   Doch Mama sagt: "Oh Graus!
   Das ist nichts für 'ne Maus."
   Drum halt' im Erdloch ich's aus.

7. Ich bin ein kleines Mückchen.
   Ess' gern vom Kuchenstückchen.
   Doch Papa sagt: "Du Brut!
   Der Zucker geht ins Blut."
   Drum lass ich's sein und bin gut.

8. Ich bin ein kleines Faultier
   und halte nur mein Maul hier.
   Doch Mama sagt: "Spuck's aus!
   Lass die Gefühle raus!"
   Drum sprech' ich mich mit ihr aus.

9. Ich bin 'ne kleine Schnecke
   und kriech' gern um die Ecke.
   Doch Papa sagt: "Oh nein!
   Du knickst am End' noch ein!"
   Drum lass ich's fortan_ sein.

Das Bärenlied

2. Ich bin der Ange-Bär.
   Ich bin der Ange-Bär.
   Ich kann längst alles,
   was andere können -
   viel besser und viel mehr.
   Ich bin der Ange-Bär.

3. Ich bin der Urlau-Bär.
   Ich bin der Urlau-Bär.
   Ich reise gern in
   exotische Länder.
   Ich liebe Strand und Meer.
   Ich bin der Urlau-Bär.

4. Ich bin der Grizzly-Bär.
   Ich bin der Grizzly-Bär.
   Ich habe Hunger,
   so schrecklichen Hunger.
   Mein Magen ist ganz leer.
   Ich bin der Grizzly-Bär.

5. Ich bin der Wasch-Wasch-Bär.
   Ich bin der Wasch-Wasch-Bär.
   Ich mag das Wasser,
   die Flüsse und Bäche.
   Auch Teiche mag ich sehr.
   Ich bin der Wasch-Wasch-Bär.

6. Ich bin der Gummi-Bär.
   Ich bin der Gummi-Bär.
   Ich würd' gern spielen -
   doch Du willst mich essen.
   Das find ich gar nicht fair.
   Ich bin der Gummi-Bär.

7. Ich bin Dein Teddy-Bär.
   Ich bin Dein Teddy-Bär.
   Ich mag gern kuscheln
   und spielen und toben -
   je länger umso mehr.
   Ich bin Dein Teddy-Bär.

Mit dem Papa

2. Mit dem Papa macht das Lachen Spaß, mit ihm lach' ich über dies und das.
   Mit dem Papa ist das Lachen schön, weil wir beide uns so gut versteh'n.

3. Mit dem Papa macht das Pupsen Spaß, mit dem Papa geb' ich richtig Gas.
   Mit dem Papa pups' ich richtig gern, denn man riecht uns zwei dann schon von fern.

4. Mit dem Papa macht das Spielen Spaß, mit dem Papa robb' ich gern durchs Gras.
   Klett're gerne hoch auf seinen Bauch. Der ist weich und spendet Schatten auch.

5. Mit dem Papa macht das Singen Spaß, auch wenn meist er längst den Text vergaß.
   Mit dem Papa treff' ich jeden Ton. Nur die Mama läuft entsetzt davon.

Komm - spiel mit!

2. |: Komm mach mit, ja mach doch mit! Und dann spielen wir zu dritt. :|
   |: Komm hinzu! Wie schön das wird, sind wir erst einmal zu viert. :|

3. |: Komm zu uns! Das wird ganz toll! Und dann ist die Hand schon voll! :|
   |: Jetzt wirst du dazugehext und dann sind wir schon zu sechst. :|

4. |: Weil es gar nichts Bess'res gibt, spielt man erst einmal zu siebt. :|
   |: Komm mach mit! Jetzt wird gelacht! Schöner spielt es sich zu acht. :|

5. Komm spiel mit! Du wirst dich freu'n! Mit dir sind wir dann schon neun. :|
   |: Und auch du sollst mit uns geh'n, denn dann sind wir endlich zehn. :|

Weihnachtszeit

B A Dm C
sagt uns da - mit: "Ihr seid nicht al - lein, denn
13
B^j7 Gm^7 1. A 2. A Dm
ich will bei euch sein." sein, bei euch sein.
15

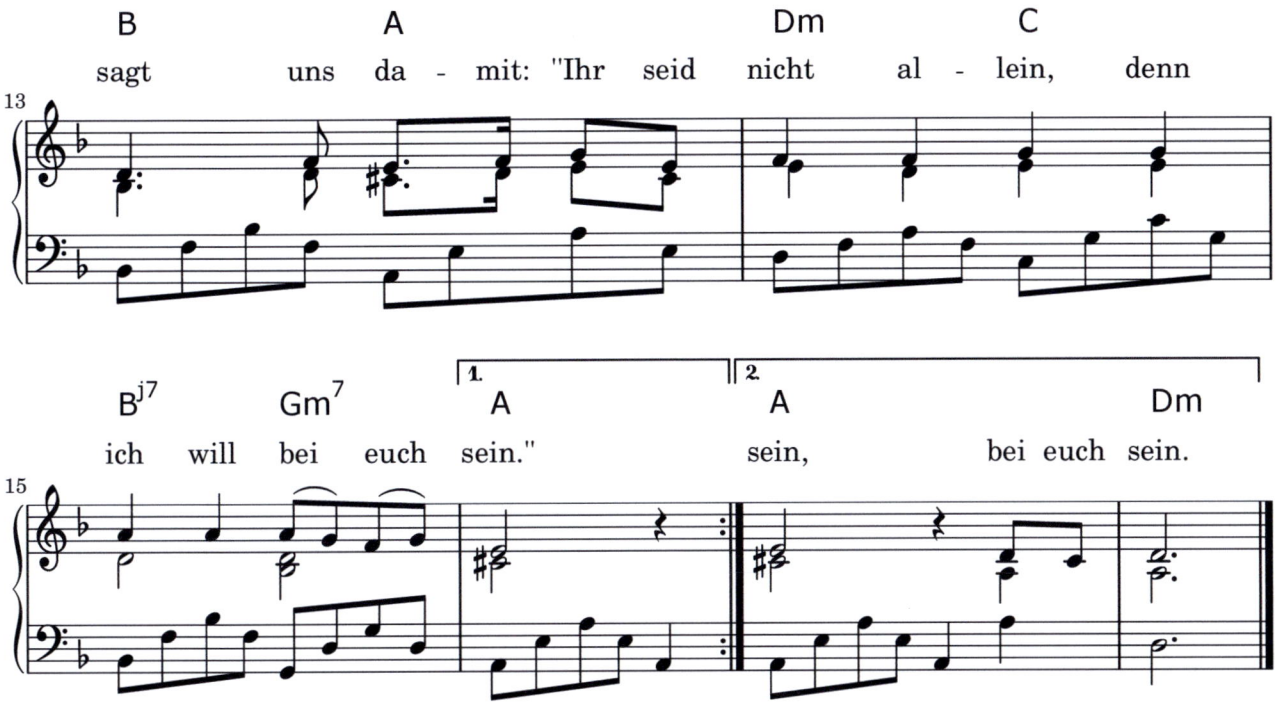

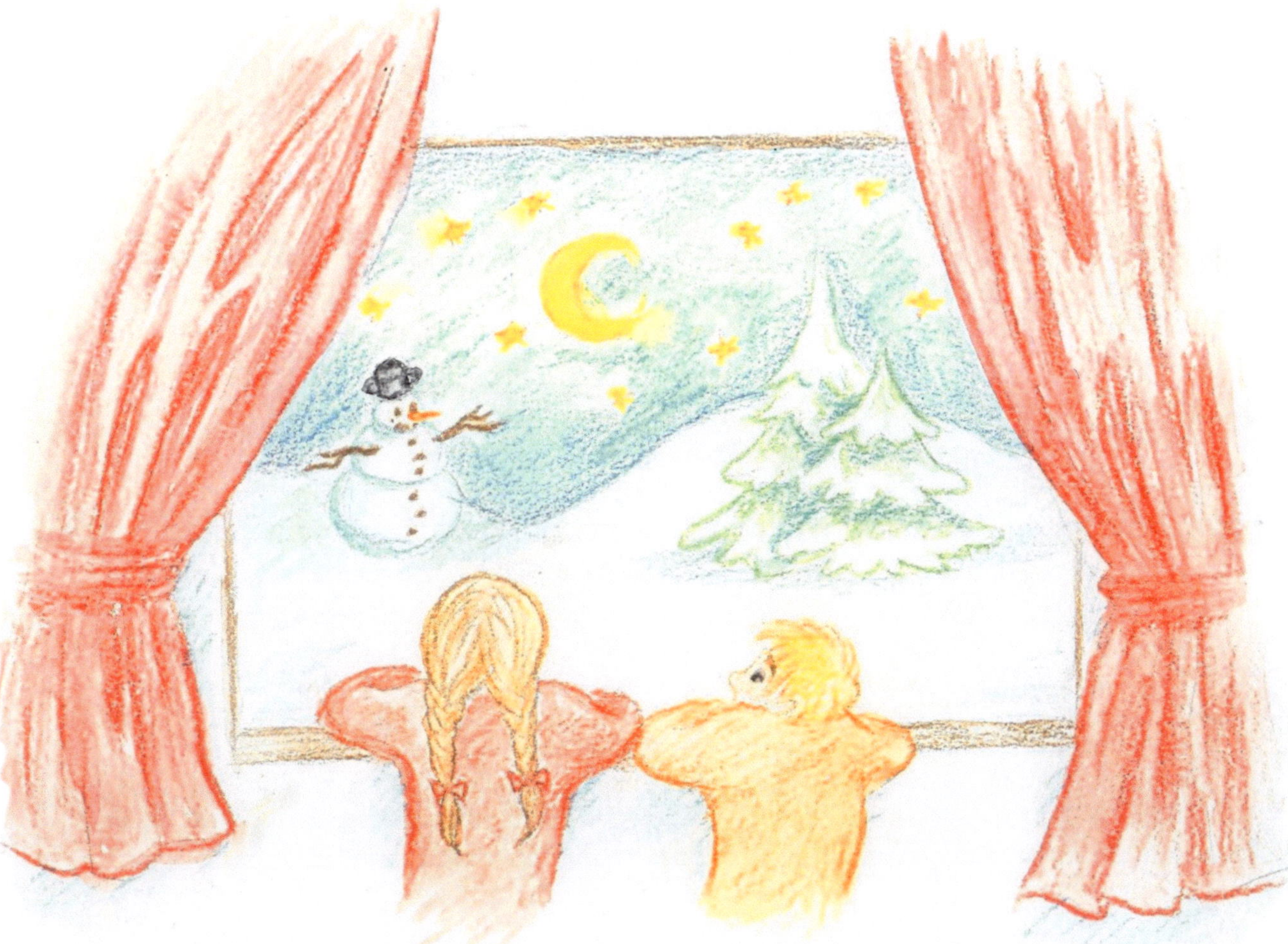

Singt mit mir!

Schlaflied